D1742040

Édité par Don Pino Sardella

LES PLUS BELLES PHRASES

DES SAINTS

Avec des réflexions en marge

Titre : Les plus belles phrases des Saints - Avec des réflexions en marge

Auteur : Don Pino Sardella

Photos de couverture: By Republica from pixabay

Photos intérieures: "Silhouette of crosses" by geralt from pixabay

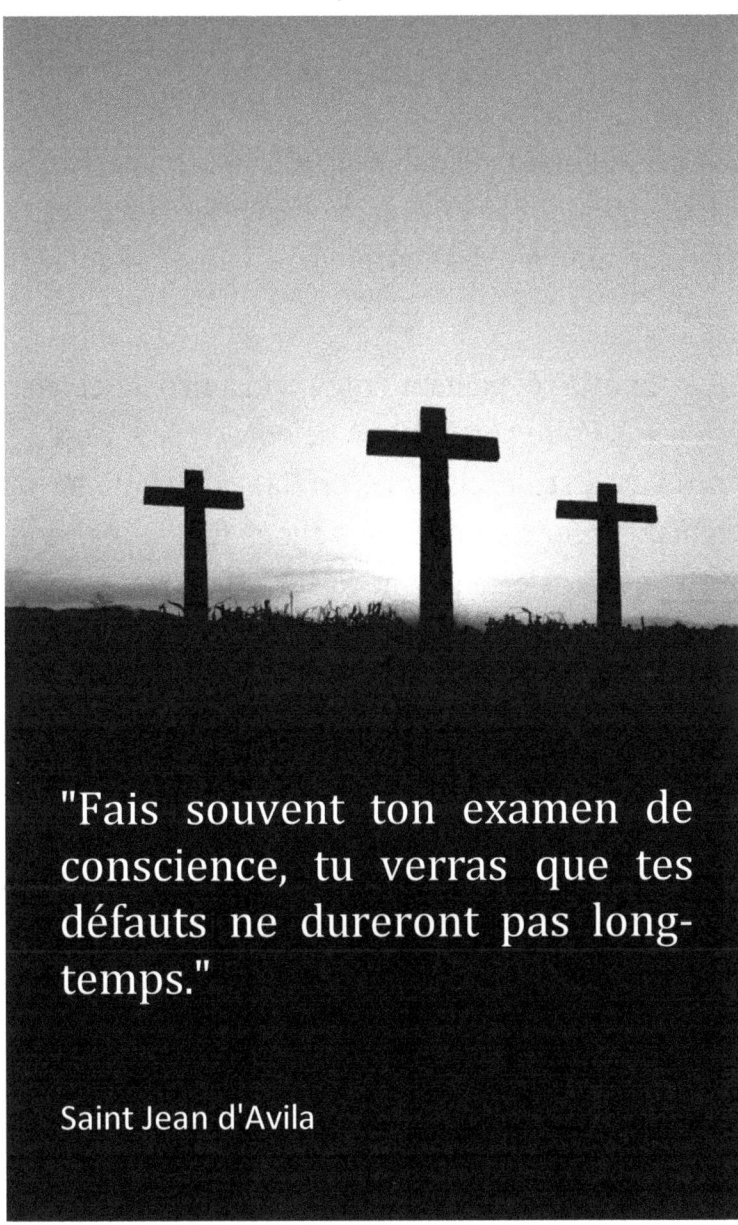

"Fais souvent ton examen de conscience, tu verras que tes défauts ne dureront pas long-temps."

Saint Jean d'Avila

REFLECTION

Par cet aphorisme, saint Jean d'Avila (6 janvier 1499 - 10 mai 1569) veut souligner l'importance de l'examen de conscience, qui est souvent sous-estimé.

Que signifie réellement faire un examen de conscience ? Faire son examen de conscience, c'est faire face à ses péchés, ses erreurs, ses manquements. Penser à ce que nous avons fait de mal, à l'effet que nos erreurs ont eu sur les autres.

En continuant à y penser et en les gardant à l'esprit, nous aurons une chance de nous arrêter à temps la prochaine fois.

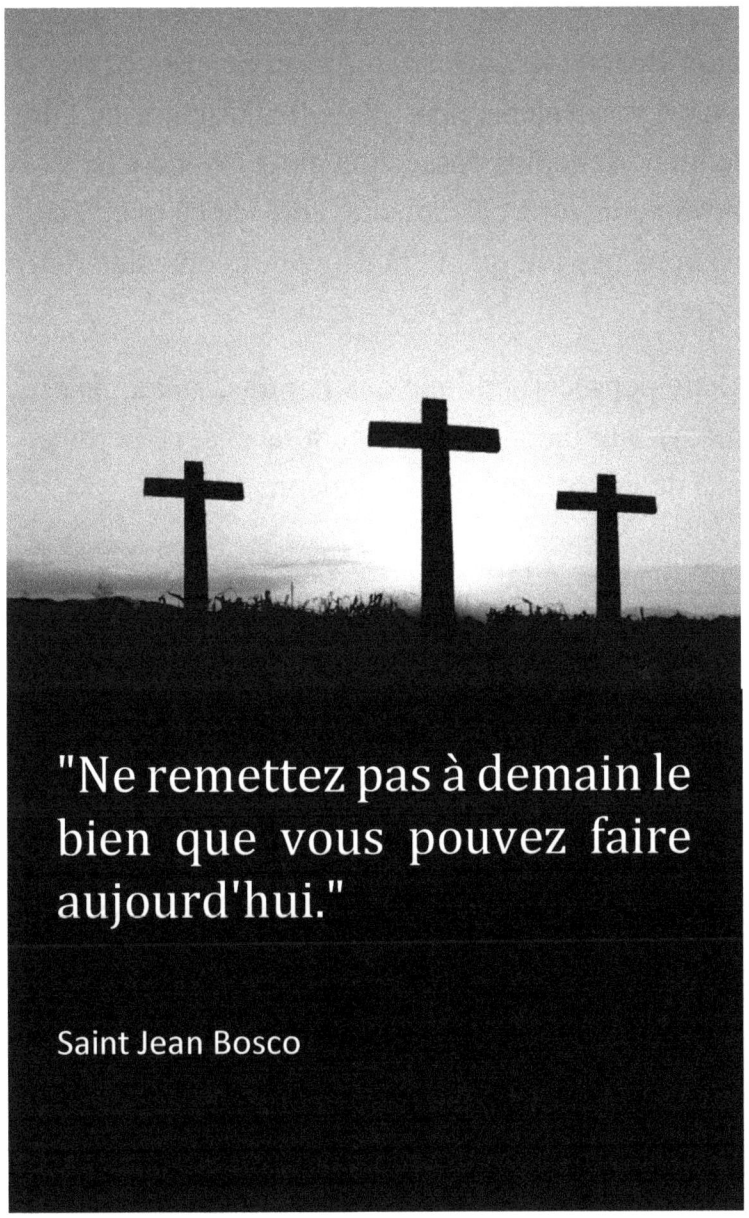

"Ne remettez pas à demain le bien que vous pouvez faire aujourd'hui."

Saint Jean Bosco

REFLECTION

Don Bosco (16 août 1815-31 janvier 1888), patron des salésiens, nous rappelle l'urgence de faire le bien : le temps passe et ne nous attend pas, nous ne devons pas nous repentir de ce que nous n'avons pas fait quand nous ne pouvons plus rien faire.

Cette pensée s'applique aux parents, aux amis et même aux inconnus. N'attendons pas, ne perdons pas de temps : agissons et faisons le bien.

"La sainteté consiste à souffrir et à souffrir de tout."

Sainte Thérèse de Lisieux

REFLECTION

Dans ce contexte, nous parlons de sainteté.

La sublimation de la douleur est une constante de l'histoire chrétienne : le christianisme lui-même est né dans la douleur des premiers martyrs, tués pour avoir apporté la parole de Dieu à un monde païen.

Sainte Thérèse de Lisieux (2 janvier 1873 - 30 septembre 1897) dit que le saint s'identifie à son prochain et souffre avec lui, il ressent de l'empathie. Et toute la souffrance du monde tombe sur ses épaules : la souffrance des pauvres, la souffrance des exclus, la souffrance de ceux qui sont différents.

"N'oubliez jamais l'importance de vous aimer les uns les autres."

Sainte Thérèse d'Avila

REFLECTION

Sainte Thérèse d'Avila (28 mars 1515 - 15 octobre 1582) est la fondatrice de l'ordre religieux des carmélites déchaussées.

La religieuse, à un moment de sa vie où elle rencontrait de nombreuses personnes en dehors du couvent, a raconté avoir entrevu une image de Jésus-Christ couverte d'une blessure. À ce moment-là, elle était émue parce qu'elle avait présenté, en un seul instant, l'amour qu'il avait voué à toute l'humanité au prix de sa vie. C'est ainsi que, ressentant un sentiment d'ingratitude envers Jésus-Christ, il a interrompu toute activité autre que la prière.

L'amour, donc, l'amour de Jésus-Christ pour l'homme qui l'a conduit à la mort. Nous devons toujours avoir cela à l'esprit, et nous devons toujours nous efforcer d'aimer notre prochain. Dans ce contexte, nous parlons de sainteté.

"La source de notre souffrance est de vouloir ce que nous ne pouvons pas avoir."

Sainte Catherine de Sienne

REFLECTION

Combien de fois, en marchant dans la rue, avons-nous regardé une belle voiture de sport ? Ou une montre fantaisie ? Ou des vêtements de marque ?

Nous avons sans doute souhaité les posséder nous aussi. Même si ce sont des choses hors de notre portée. Et nous avons souffert pour ça, non ? Alors que faut-il faire pour éliminer cette souffrance ? Éliminez le désir de choses que nous ne pouvons pas avoir, de choses matérielles qui n'ont pas vraiment d'importance. Est-ce qu'une belle voiture change quelque chose à ma façon d'être ? Et si j'en veux un encore plus beau ? Vous risquez de vous retrouver dans un cercle dont vous ne pourrez pas sortir.

Mieux vaut se consacrer à ce que l'on peut avoir et donner le meilleur de soi-même.

"Prêchez l'Évangile à tout moment. Si nécessaire, utilisez des mots."

Saint François d'Assise

REFLECTION

Saint François d'Assise (1181 - 1226), par cette phrase, veut nous faire réfléchir sur le sens et l'importance de l'exemple par rapport aux simples mots. Prêcher l'Évangile signifie avant tout se comporter comme le prévoient les enseignements de l'Évangile : c'est par les actions, par l'exemple, que s'accomplit la prédication la plus importante. Seuls ceux qui verront le chrétien se comporter comme un chrétien, et ne pas recourir exclusivement aux belles paroles, pourront réfléchir en profondeur et s'approcher de la parole de Dieu.

"Ne comparez pas vos forces et vos faiblesses avec les autres, seulement avec vous-même."

Saint Pio de Podolica

REFLECTION

Combien de fois nous trouvons-nous en train de nous comparer aux autres en termes de capacité à mener à bien des projets, de réussite au travail, d'argent ou de capacité à établir des relations avec le sexe opposé ? Bien sûr, nous vivons parmi d'autres personnes, c'est donc un processus naturel. Mais ce n'est pas la bonne façon de s'évaluer : il faut plutôt penser à ce que nous avons fait nous-mêmes la veille, et penser à faire mieux le lendemain.

Saint Pie de Podolica (1239-1288) suggère que le défi de nous améliorer, tant sur le plan matériel que spirituel, ne concerne que nous-mêmes.

"La prière n'est pas la solution à tous les maux, mais le contact avec le bien."

Saint Apollonius d'Alexandrie

REFLECTION

Nous considérons souvent la prière comme une sorte de liste de souhaits : je prie pour obtenir un meilleur emploi, pour avoir de la chance, pour gagner à la loterie, et mon souhait se réalise.

Ce n'est pas comme ça. Ce serait trop facile. La prière est destinée à l'élévation spirituelle, au contact avec Dieu, source de toute miséricorde. Dieu a un plan pour chacun de nous : lorsqu'il nous semble qu'il a répondu à nos prières, en réalité, seul ce qu'il avait prévu pour nous s'est produit.

Alors pourquoi prier ? Parce que cela nous fait réaliser que nous ne sommes pas seuls. Que notre vie, quelle qu'elle soit, a un reflet dans l'au-delà.

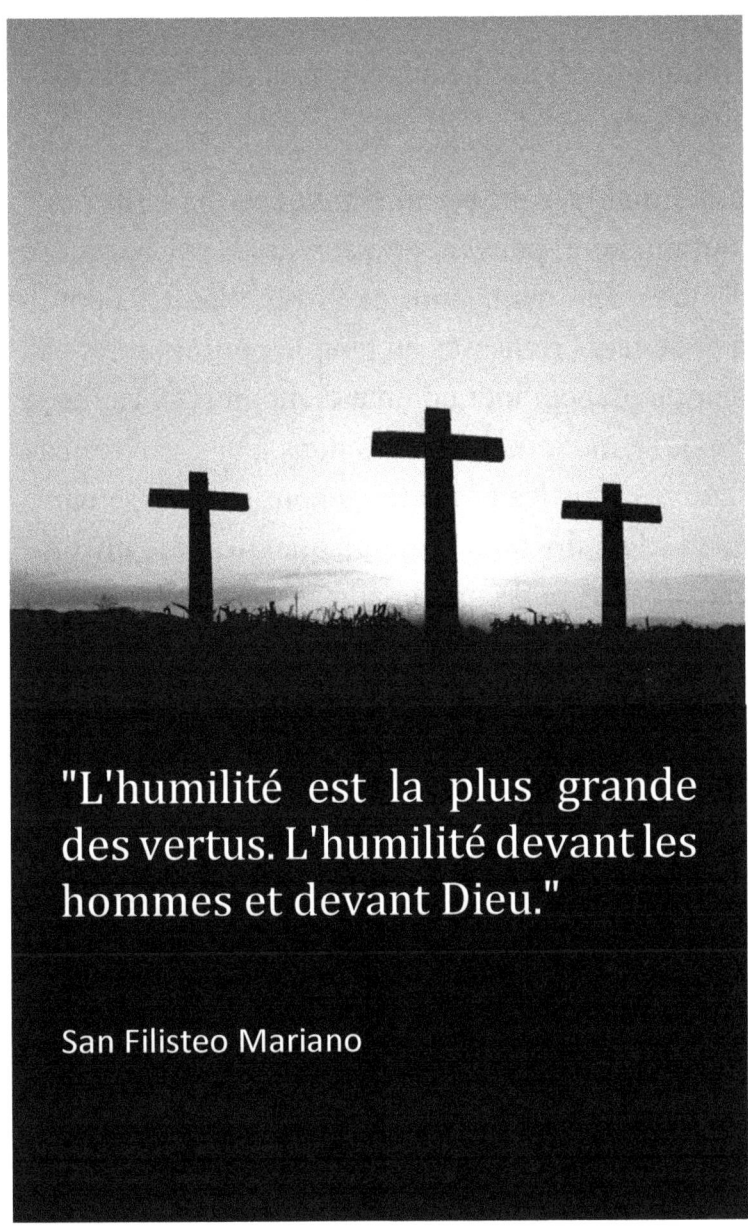

"L'humilité est la plus grande des vertus. L'humilité devant les hommes et devant Dieu."

San Filisteo Mariano

REFLECTION

L'humilité est un thème récurrent dans les écrits chrétiens.

Être humble, c'est reconnaître que ses mérites, à tout moment, peuvent être surpassés par beaucoup d'autres. Les marchands de l'Antiquité faisaient don de leurs richesses au temple pour montrer leur puissance, tout comme de nombreux riches, à l'époque moderne, font des dons à des œuvres caritatives sous les projecteurs pour se faire remarquer. Mais il y aura toujours quelqu'un de plus riche, de plus puissant, de plus vertueux. A quoi bon, alors, faire étalage de sa vertu ?

Nous sommes tous des petits hommes devant Dieu.

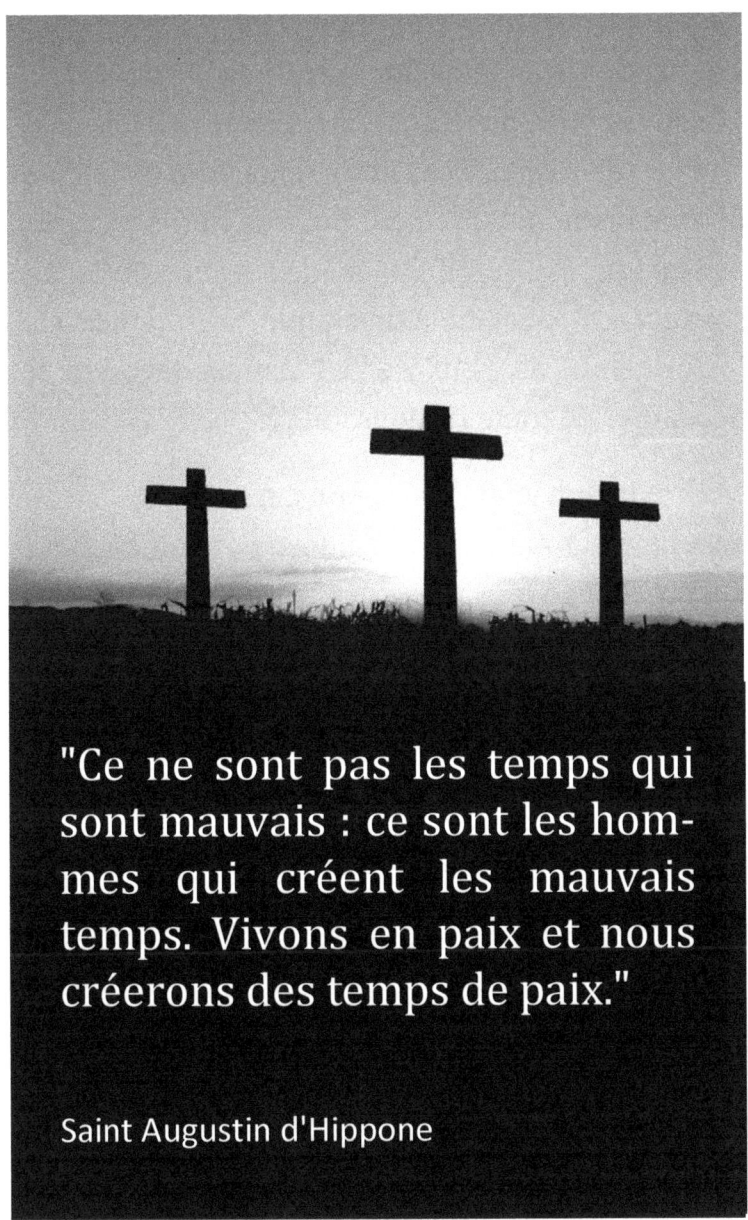

"Ce ne sont pas les temps qui sont mauvais : ce sont les hommes qui créent les mauvais temps. Vivons en paix et nous créerons des temps de paix."

Saint Augustin d'Hippone

REFLECTION

Le grand Augustin d'Hippone (345-430 après J.-C.) nous confronte à un dilemme souvent discuté. Quel est le rôle de l'homme ordinaire dans le conditionnement, pour le meilleur ou pour le pire, de son époque ? Il serait très facile, comme on le fait souvent, de se rendre à un simple "c'est la période historique, je n'y peux rien". C'est une façon de se décharger de toute responsabilité.

Mais non : chacun d'entre nous, à sa petite échelle, peut faire quelque chose pour améliorer la situation de tous. Les périodes historiques sont faites par les hommes, et par les hommes elles doivent être changées.

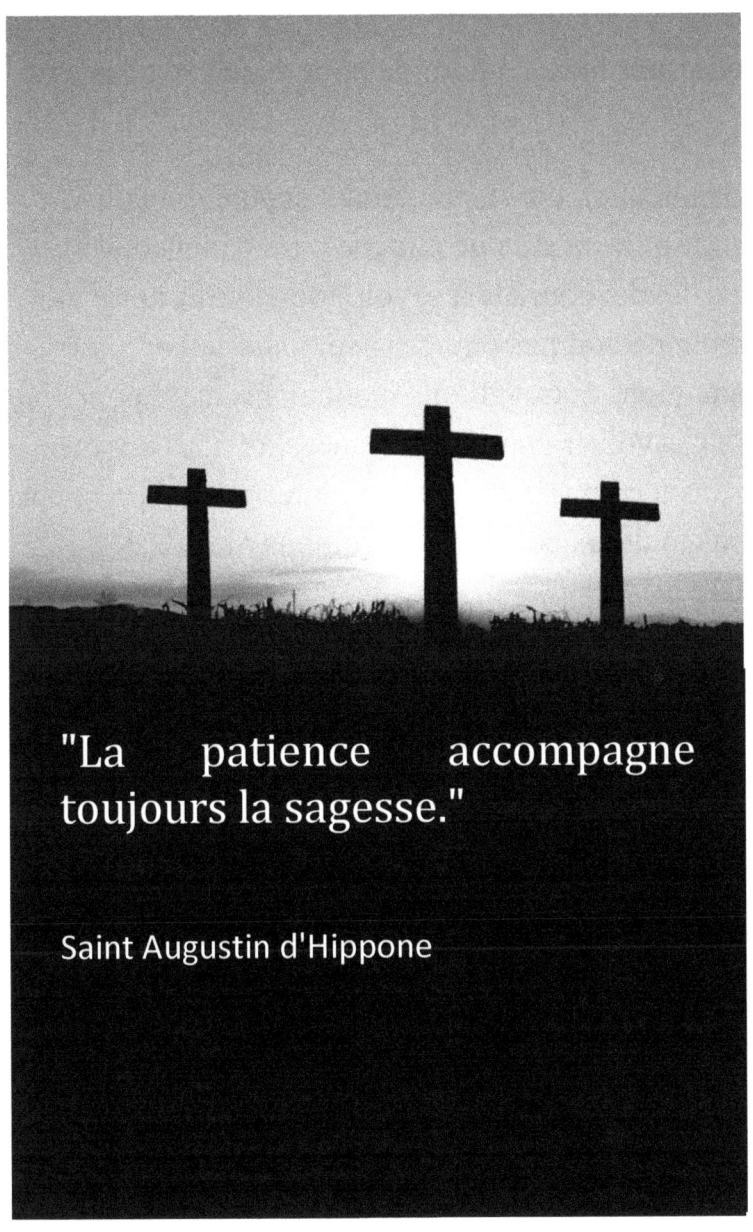

"La patience accompagne toujours la sagesse."

Saint Augustin d'Hippone

REFLECTION

Que doit faire un homme pour acquérir la sagesse ?

Application constante, étude, écoute des autres et surtout beaucoup de patience. La patience, vertu cardinale, consiste à savoir attendre. Et notre attente ne doit pas être passive, mais active : nous attendons et travaillons méticuleusement pour faire évoluer nos connaissances, et nous apprenons à comprendre que les autres ne comprennent pas toujours ce que nous voulons dire.

"La tranquillité ne s'acquiert qu'au contact de Dieu."

Santa Cristina de Valfurva

REFLECTION

Nous sommes souvent et volontairement affligés par toutes sortes de soucis. L'agitation nous entoure et ne nous lâche pas, nous empêchant d'accomplir les gestes les plus élémentaires. Parfois, ce sentiment se transforme en crise de panique.

Eh bien, Sainte Christine souffrait de crises de panique, et sa solution était la prière. Grâce à la prière et au contact avec Dieu, elle a pu trouver cette tranquillité, cette sécurité qui l'a aidée dans ses moments sombres. Elle s'est répété qu'elle n'était pas seule, même lorsqu'elle était malade, et c'est ainsi qu'elle a vaincu l'obscurité.

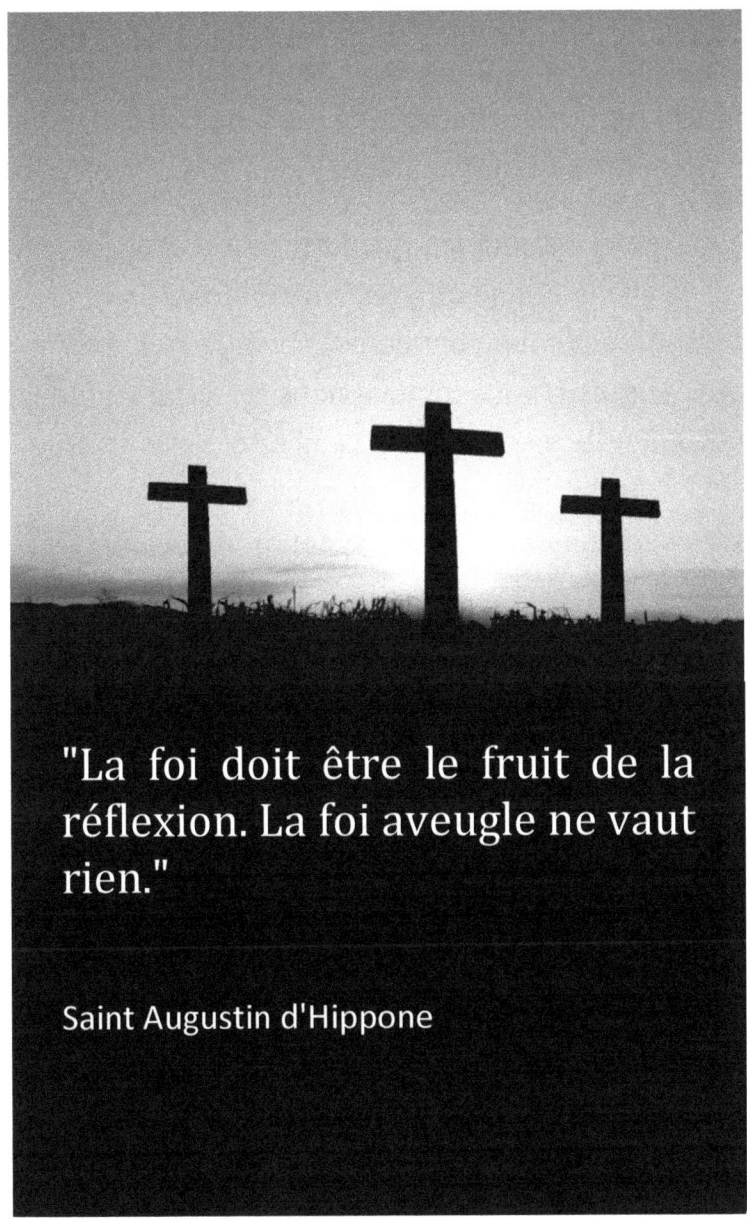

"La foi doit être le fruit de la réflexion. La foi aveugle ne vaut rien."

Saint Augustin d'Hippone

REFLECTION

Dans l'un de ses nombreux discours d'une exquise théologie, Augustin parle de l'essence, de la structure même de la foi.

Nous pensons souvent que la foi est une obéissance aveugle, une croyance inconditionnelle composée uniquement de dogmes. Ce n'est pas le cas. Augustin nous incite à nous remettre en question, à utiliser nos connaissances et notre intelligence, aussi limitées soient-elles, pour donner un sens supplémentaire à notre condition de chrétiens.

Après tout, Dieu lui-même nous a donné la raison et l'intelligence, alors pourquoi les gaspiller ?

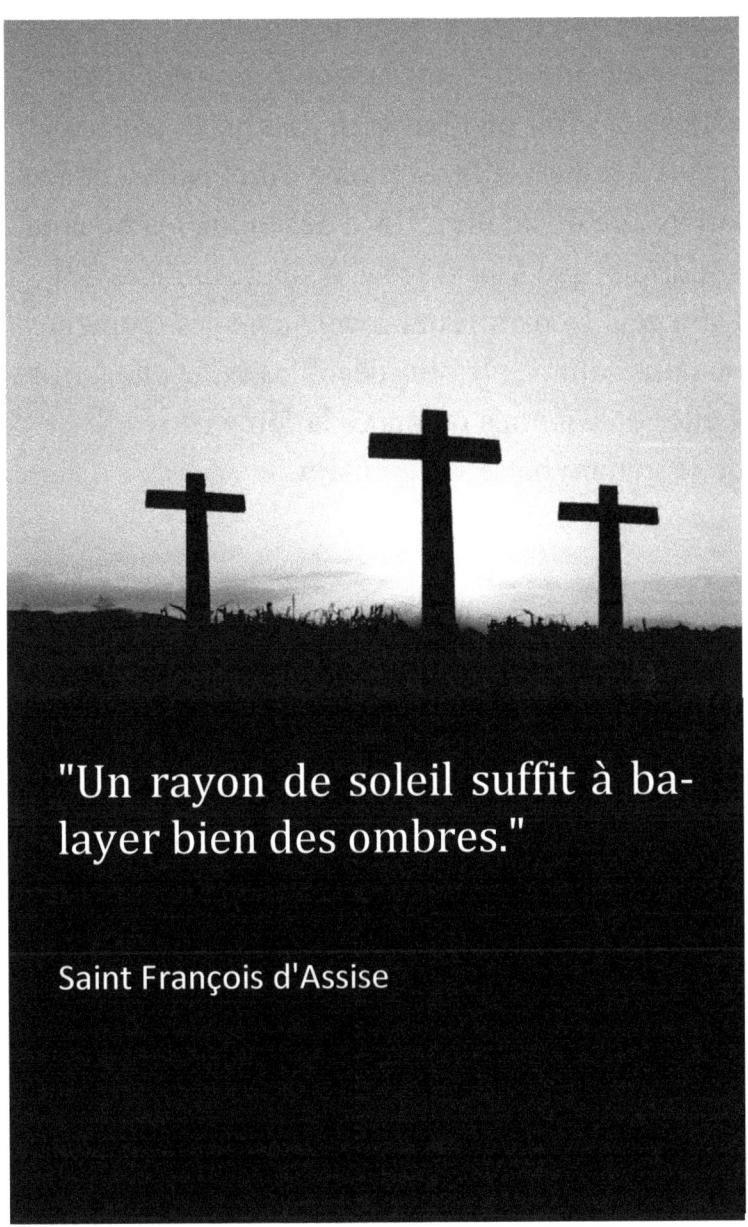

"Un rayon de soleil suffit à balayer bien des ombres."

Saint François d'Assise

REFLECTION

Dans ce contexte, saint François d'Assise nous exhorte à avoir confiance en l'avenir et en Dieu. La vie est dure, elle est pleine d'embûches, de tentations, de difficultés. Il y a des moments où nous voudrions que tout s'arrête. Mais la lumière de Dieu peut se manifester même dans les moments où nous sommes le plus découragés, et elle suffira à elle seule à nous redonner la force de réagir et de reprendre notre vie en main.

"L'erreur est humaine, la persé-
vérance est diabolique."

Saint Augustin d'Hippone

REFLECTION

Cette phrase célèbre contient une signification très importante. Nous faisons tous des erreurs. Il n'y a pas d'homme qui ne fasse pas d'erreurs. Cela fait partie de la nature humaine.

Quelle est la différence ? Entre ceux qui se trompent et apprennent de leurs erreurs et ceux qui se trompent par commodité. Il serait trop commode de trouver des excuses pour se justifier à chaque fois : la conscience de faire le mal est pire que le mal lui-même. Apprenons donc à vivre avec nos erreurs mais à les chérir et à nous corriger pour l'avenir.

"La forme par laquelle l'âme est unie au corps ne peut être comprise par l'homme. Mais c'est de cette union que naît l'homme."

Saint Augustin d'Hippone

REFLECTION

Avec saint Augustin, abordons le sujet délicat de l'âme liée au corps.

On nous apprend qu'il existe en nous une étincelle vitale appelée l'âme. L'âme nous qualifie en tant qu'êtres humains et est en définitive ce qui nous donne la vie. Mais comment est-il possible d'avoir quelque chose d'immortel dans un corps mortel ?

Cette paire est l'un des grands mystères de la foi. Par sa nature même, il ne peut être compris par l'intellect humain.

"La fausse modestie est pire que l'orgueil."

San Quintino de Rieti

REFLECTION

Analysons le concept de sincérité : se comporter et apparaître tel que l'on est vraiment.

Si une personne orgueilleuse se vante, c'est sa nature. Faux, mais c'est sa nature.

Si, par contre, on prétend être humble pour plaire à son prochain, mais qu'au contraire, dans son cœur, on se croit supérieur, on commet deux péchés : l'un envers les autres hommes, en les trompant, et l'autre envers Dieu.

"Il n'est jamais trop tard pour apprendre."

San Felice del Gargano

REFLECTION

Saint Félix s'est converti tard dans sa vie. Il était d'abord un riche marchand, un homme méchant et ignorant. Puis, une fois qu'il a découvert l'Évangile, il a commencé un voyage d'étude et d'apprentissage. Cela devrait nous faire réfléchir : l'âge n'est jamais une excuse, pas plus que l'opportunité. Il est toujours temps d'apprendre, il est toujours temps de réfléchir, il est toujours temps de changer.

"La sainteté ne doit pas être un privilège, mais une obligation morale."

San Toribio

REFLECTION

Encore une fois, réfléchissons ensemble à la signification de la sainteté.

Souvent, les "saints" sont considérés comme des hommes exceptionnels, capables d'être purs dans leur cœur et dans leurs actions. Ce n'est pas du tout le cas. Être un saint n'est pas un cadeau que le ciel réserve à quelques privilégiés, mais c'est un engagement quotidien : c'est le véritable chemin que tout chrétien doit parcourir. Chacun doit aider son prochain, ne pas commettre de péchés et se salir les mains.

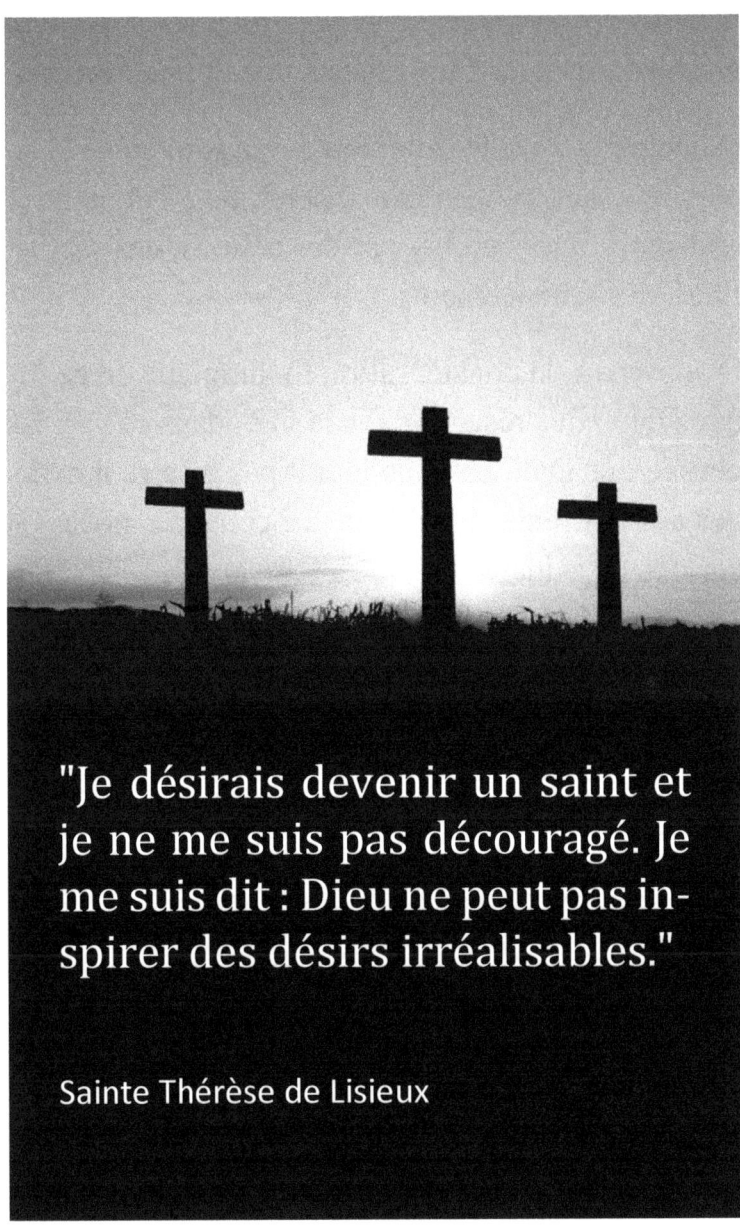

"Je désirais devenir un saint et je ne me suis pas découragé. Je me suis dit : Dieu ne peut pas inspirer des désirs irréalisables."

Sainte Thérèse de Lisieux

REFLECTION

Nous sommes ici confrontés à une double lecture.

D'une part, il y a la réflexion sur la sainteté comme quelque chose de concret, de réellement réalisable, à rechercher par des actions, des sacrifices, des renoncements.

D'autre part, la considération théologique de ce que Dieu nous réserve dans la vie : dans ce cas, la pensée que Dieu ne nous induit pas en erreur avec des désirs irréalisables. Dans ce contexte, nous parlons de sainteté.

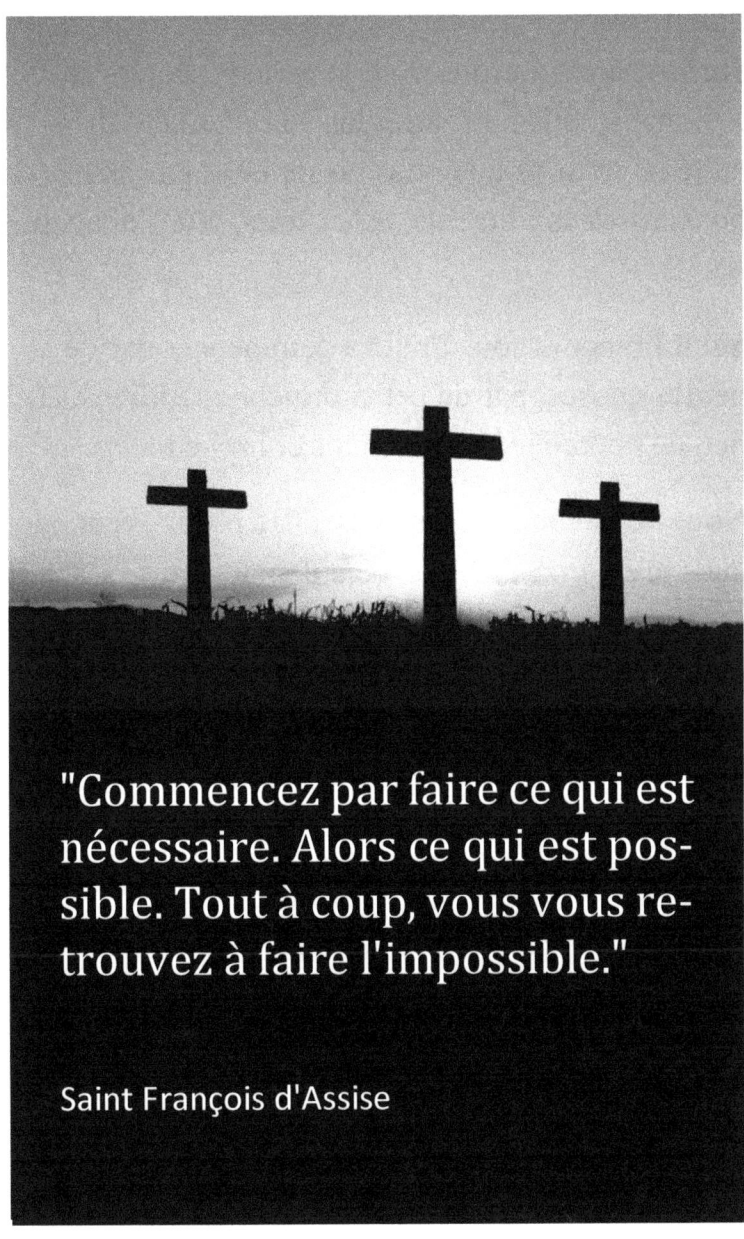

"Commencez par faire ce qui est nécessaire. Alors ce qui est possible. Tout à coup, vous vous retrouvez à faire l'impossible."

Saint François d'Assise

REFLECTION

Parfois, nous partons avec de grands projets en tête, mais nous nous arrêtons à la première difficulté et pensons que nous ne sommes pas assez bons, assez intelligents, assez forts. Nous abandonnons.

Saint François nous invite à commencer par de petites choses, par de petits projets quotidiens, au lieu de chercher à tout obtenir et immédiatement.

Nous ne devons jamais penser "Je n'y arriverai jamais, c'est trop difficile, cela demande trop de sacrifices". Avec la force de la volonté et avec l'aide de Dieu, en partant de petites choses, nous pouvons arriver à tout faire : même ce qui nous semblait impossible jusqu'à peu de temps auparavant.

"La sainteté consiste à être toujours joyeux."

Saint Jean Bosco

REFLECTION

Contrairement à certains qui pensent que la sainteté est une vie en retraite, loin du monde, consacrée exclusivement à la prière, Don Bosco, à partir de son expérience de prêtre des rues, nous enseigne qu'un sourire est la chose la plus belle et la plus satisfaisante au monde.

Sourire et être joyeux, c'est manifester aux autres l'amour que Dieu a pour nous. La vie est pleine de difficultés et de moments difficiles, mais nous devons toujours avoir le sourire aux lèvres car Dieu est avec nous. Le saint le sait, même si lui aussi a dû passer par des moments sombres et des souffrances.

"L'humilité est la plus grande des vertus. L'humilité devant les hommes et devant Dieu."

Saint Philistin

REFLECTION

L'humilité est un thème récurrent dans les écrits chrétiens.

Être humble, c'est reconnaître que ses mérites, à tout moment, peuvent être surpassés par beaucoup d'autres. Les marchands de l'Antiquité faisaient don de leurs richesses au temple pour montrer leur puissance, tout comme de nombreux riches, à l'époque moderne, font des dons à des œuvres caritatives sous les projecteurs pour se faire remarquer. Mais il y aura toujours quelqu'un de plus riche, de plus puissant, de plus vertueux. A quoi bon, alors, faire étalage de sa vertu ?

Nous sommes tous des petits hommes devant Dieu.

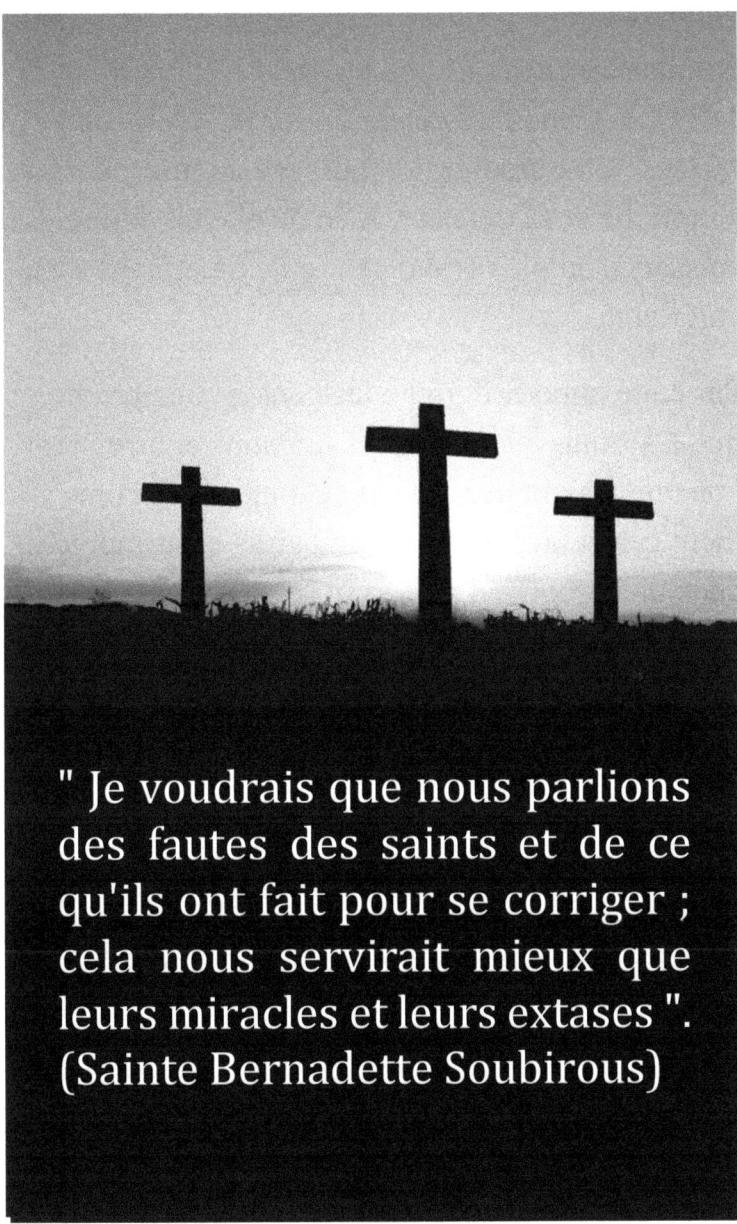

" Je voudrais que nous parlions des fautes des saints et de ce qu'ils ont fait pour se corriger ; cela nous servirait mieux que leurs miracles et leurs extases ". (Sainte Bernadette Soubirous)

REFLECTION

Sainte Bernadette (7 janvier 1844 - 16 avril 1879), la jeune fille célèbre pour les visions mystiques de Lourdes, a toujours été connue pour sa simplicité et sa douceur, bien qu'elle ait donné naissance au plus grand centre de pèlerinage de la chrétienté.

Par cette phrase, il invite les gens à comprendre que les saints sont des êtres humains et qu'en tant que tels, ils ont des défauts. Comprendre comment ces défauts ont été combattus et surmontés, dans un parcours d'amélioration de soi, est le meilleur signe possible de sainteté.

Les miracles doivent rester la responsabilité de Dieu et de la Vierge.

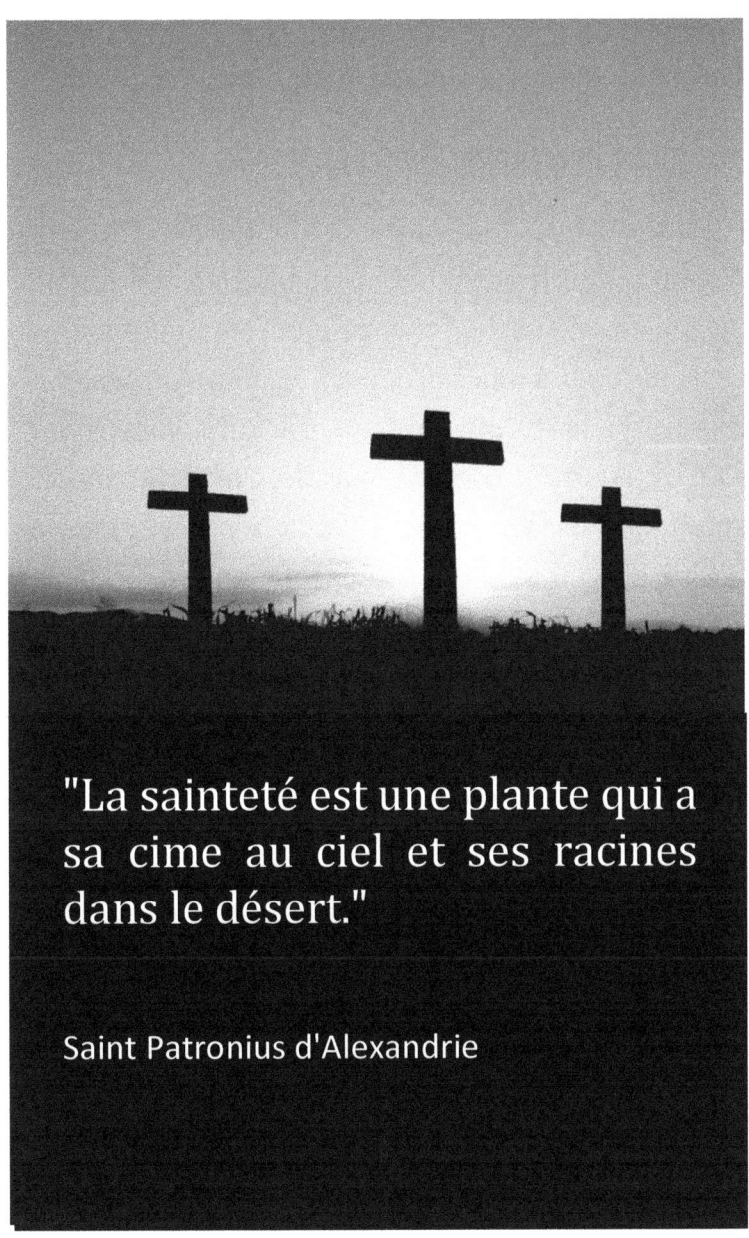

"La sainteté est une plante qui a sa cime au ciel et ses racines dans le désert."

Saint Patronius d'Alexandrie

REFLECTION

Qu'est-ce que cela signifie d'être un saint ?

Aspirer à la félicité, donc au paradis ?

Bien sûr. Mais celui qui veut atteindre le ciel doit d'abord comprendre que la vie terrestre est faite de souffrance et de douleur, que l'engagement nécessaire pour s'améliorer est constant. Le désert représente la dureté de la vie, l'aridité, la stérilité. Et c'est au milieu de ce sol aride, desséché par le soleil, que le saint (chacun de nous) doit semer la graine de la plante qui représente son esprit. Et le faire germer.

"Rien ne doit vous déranger. Tout passe, et ce qui n'est pas éternel n'est rien".

Saint Jean Bosco

REFLECTION

Nous nous retrouvons si souvent plongés dans l'inquiétude. Il nous semble que notre vie est pleine de difficultés, et les mauvaises pensées ne nous quittent pas.

Quels que soient les problèmes qui nous entourent, Don Bosco nous enseigne qu'en fin de compte, ils ne sont qu'une partie de la vie de ce monde. Tout est éphémère comparé à l'éternité. Nos souffrances terrestres sont limitées et, si nous avons la foi, elles peuvent être transformées en bonheur éternel.

Ne nous inquiétons pas trop et vivons nos vies tranquillement.

"Homme, dit le Seigneur, souviens-toi que je t'ai aimé le premier. Tu n'existais pas encore, le monde n'existait pas, mais je t'aimais déjà."

Saint Alphonse Marie de Liguori

REFLECTION

Que pense Dieu de nous ?

On nous a souvent dit "Dieu vous aime", mais qu'est-ce que cela signifie vraiment ?

Nous sommes incapables de le comprendre. Et nous en sommes incapables simplement parce que l'amour de Dieu pour nous dépasse notre compréhension, notre intellect. Nous faisons partie de lui, et son amour pour nous est plus ancien que l'univers lui-même. C'est pourquoi nous, les hommes, commettons souvent l'erreur de tout ramener à une dimension humaine : quelque chose de mauvais m'arrive, donc Dieu ne m'aime pas.

Ce n'est pas le cas ! N'oublions jamais cela.

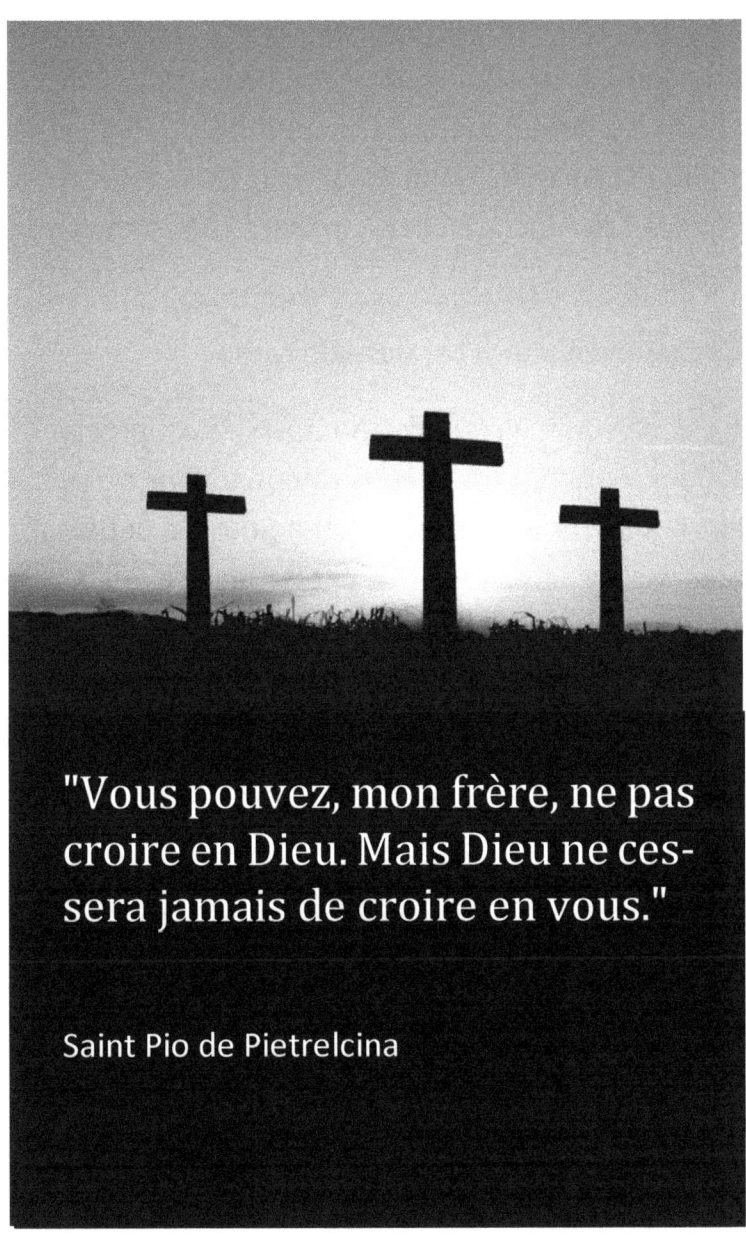

"Vous pouvez, mon frère, ne pas croire en Dieu. Mais Dieu ne cessera jamais de croire en vous."

Saint Pio de Pietrelcina

REFLECTION

Souvent, au cours de notre voyage, nous nous surprenons à perdre la foi en Dieu. Parfois, lorsque quelque chose de mal nous arrive, nous pensons que c'est la faute de Dieu, ou que Dieu ne veut pas nous aider.

Ça peut arriver, on est des hommes.

Nous ne sommes que des hommes. C'est précisément ce que nous devons toujours nous rappeler. Dieu sera toujours là, prêt à nous accueillir à bras ouverts, lorsque nous choisirons d'avoir à nouveau foi en lui.

"Ne vous appuyez pas contre le mur : il s'écroulerait. Ne vous appuyez pas sur l'arbre : il se flétrit. Ne vous appuyez pas sur l'homme : il mourra. Appuyez-vous sur Dieu seul : il restera toujours !"

REFLECTION

Tout ce qui nous entoure est temporaire.

Nos possessions, l'argent, le pouvoir : toutes choses qui sont appelées à disparaître. Toutes choses sur lesquelles il ne faut pas compter.

Même nos affections sont vouées à disparaître. L'homme est une créature mortelle. Nous devons aimer, mais nous devons aussi comprendre que notre vie n'est pas éternelle, pas plus que notre amour.

La seule chose sur laquelle nous pouvons toujours compter, c'est Dieu.

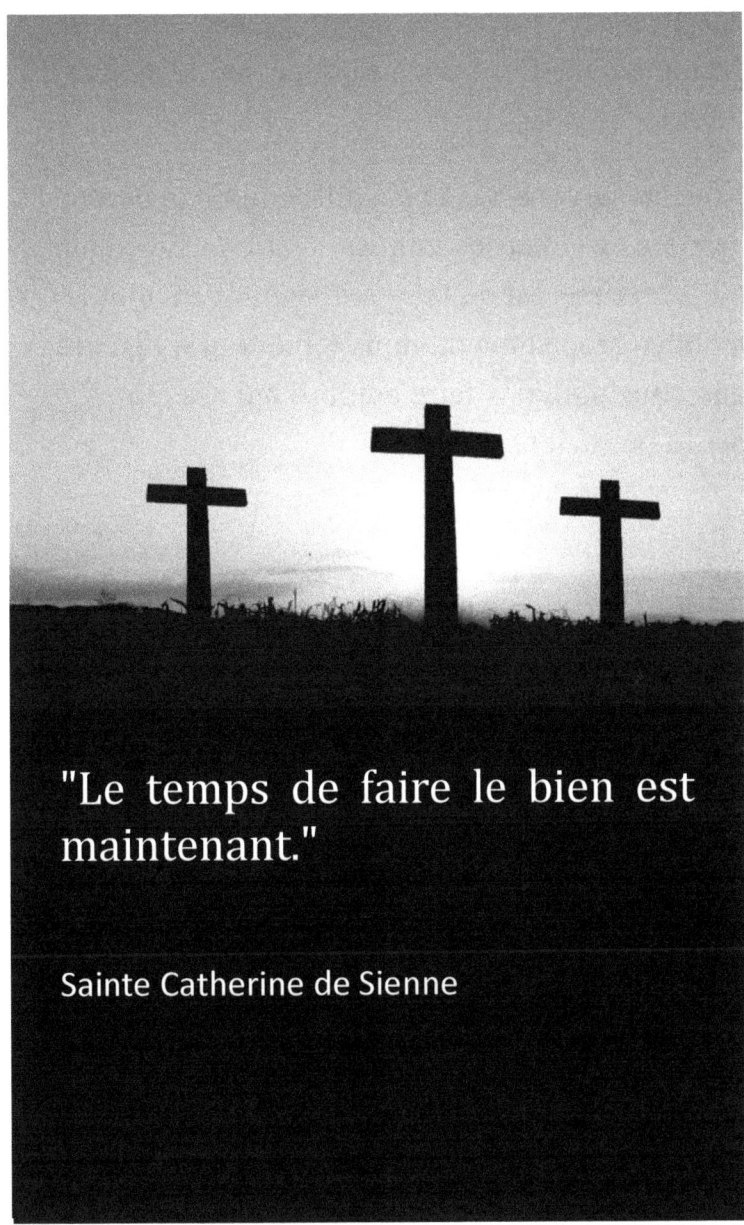

"Le temps de faire le bien est maintenant."

Sainte Catherine de Sienne

REFLECTION

Le temps que Dieu nous a donné sur ce monde est limité.

Nous ne devons pas la gaspiller, ni nous perdre derrière des excuses inutiles. Notre tâche en tant que chrétiens est de faire le bien, envers tout le monde. Trop souvent, nous remettons à demain ce que nous pouvons faire aujourd'hui : le temps perdu ne revient pas.

"Sème la joie dans le jardin de ton frère, et tu la verras fleurir dans le tien."

Saint Pio de Pietrelcina

REFLECTION

Il y a une chose dont nous devons toujours nous souvenir dans notre vie de chrétiens dans ce monde : penser d'abord aux autres et ensuite à nous-mêmes.

Nous ne devons jamais être égoïstes. Nous ne devons pas garder nos biens pour nous seuls. Nous ne devons pas refuser une gentillesse à notre ami.

Qu'est-ce qui pourrait être plus agréable que de rendre votre connaissance heureuse ? Parfois, il suffit d'un mot, d'un coup de fil, d'un câlin. Ce qui compte vraiment, c'est la pensée.

Si nous faisons cela dans un esprit de solidarité, sans rien attendre en retour, nous aurons notre récompense au Ciel.

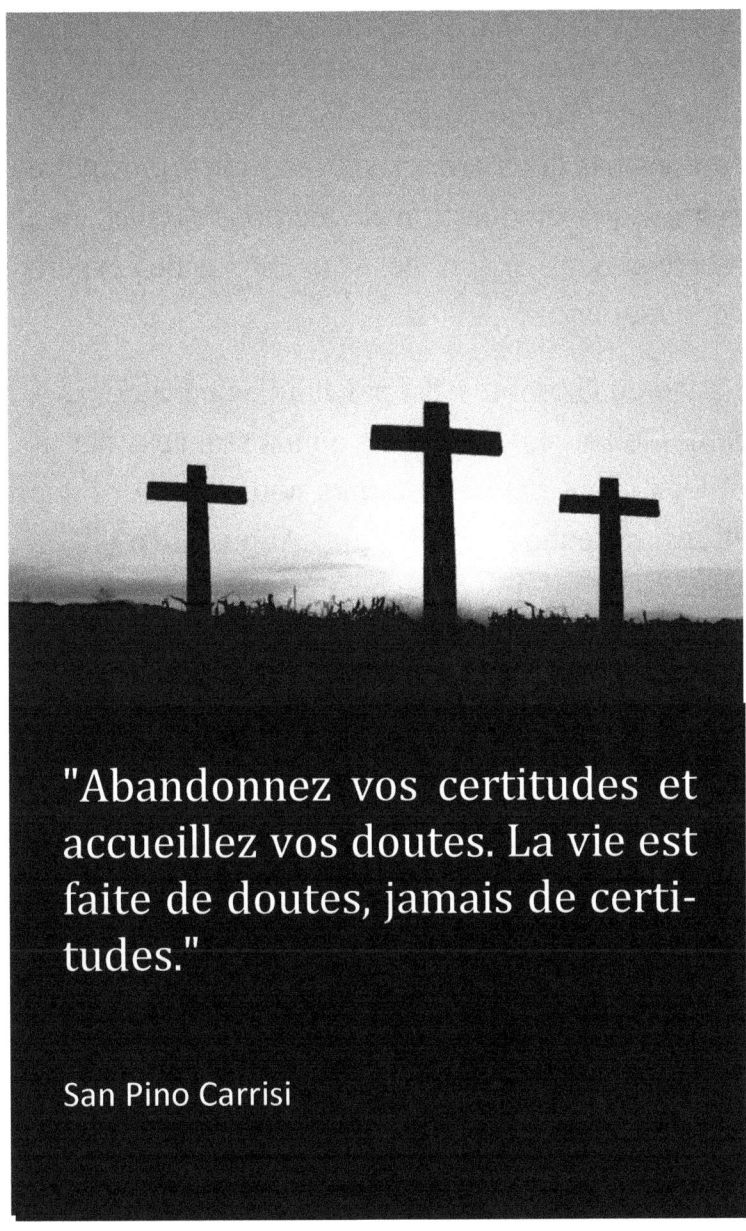

"Abandonnez vos certitudes et accueillez vos doutes. La vie est faite de doutes, jamais de certitudes."

San Pino Carrisi

REFLECTION

Parfois, nous sommes tellement sûrs de nos croyances, de nos connaissances, que nous n'acceptons pas la moindre confrontation. Nous ne remettons pas en question ce que nous savons, même si nous ne sommes souvent pas des experts en la matière.

La vie de l'homme n'est pas faite de certitudes. Son intellect est limité, ses connaissances sont limitées. Nous devons toujours nous poser des questions, réfléchir, penser. Saint Augustin l'a dit aussi : une foi non réfléchie est une foi aveugle.

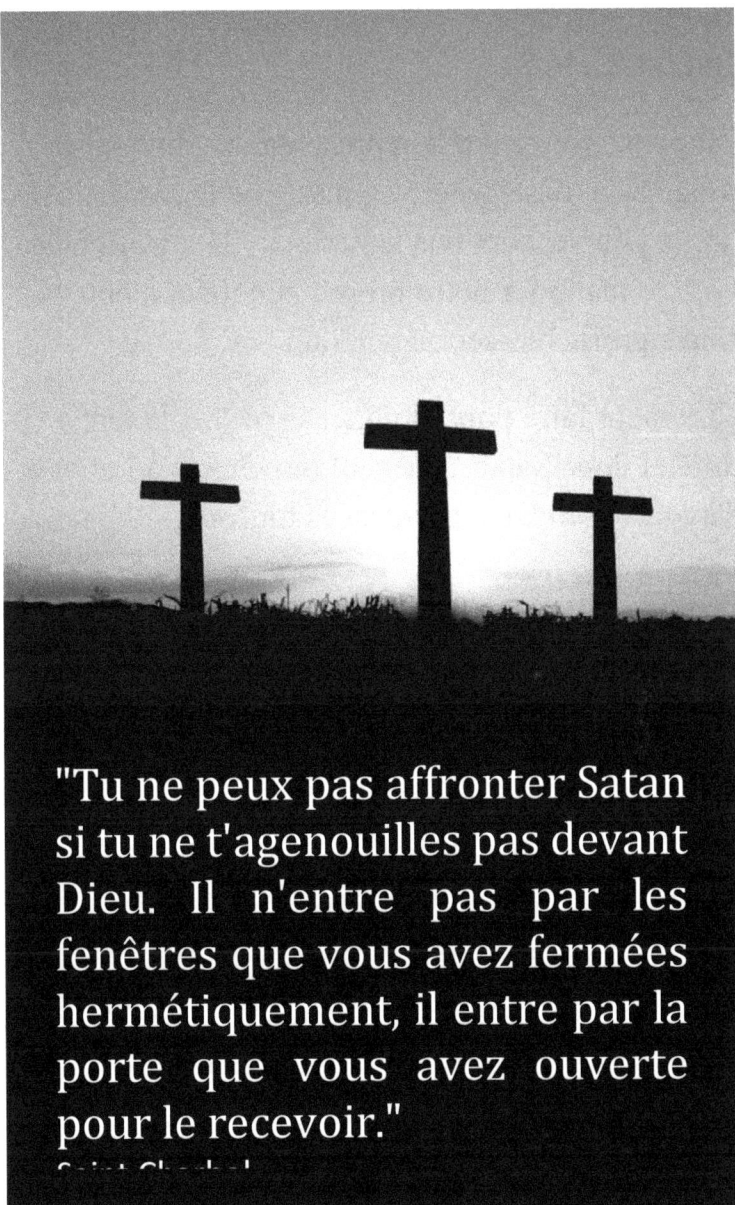

"Tu ne peux pas affronter Satan si tu ne t'agenouilles pas devant Dieu. Il n'entre pas par les fenêtres que vous avez fermées hermétiquement, il entre par la porte que vous avez ouverte pour le recevoir."

REFLECTION

Qui est Satan ?

On pense souvent à la représentation du diable rouge avec des cornes. Ce n'est pas le cas. Le Malin, le Diable, sont nos tentations : la tentation de faire le mal pour notre propre bénéfice, même si cela signifie blesser quelqu'un.

Comment faire pour éloigner le péché, la tentation, et donc Satan ? Le seul moyen est de prier et d'avoir foi en Dieu par-dessus tout.

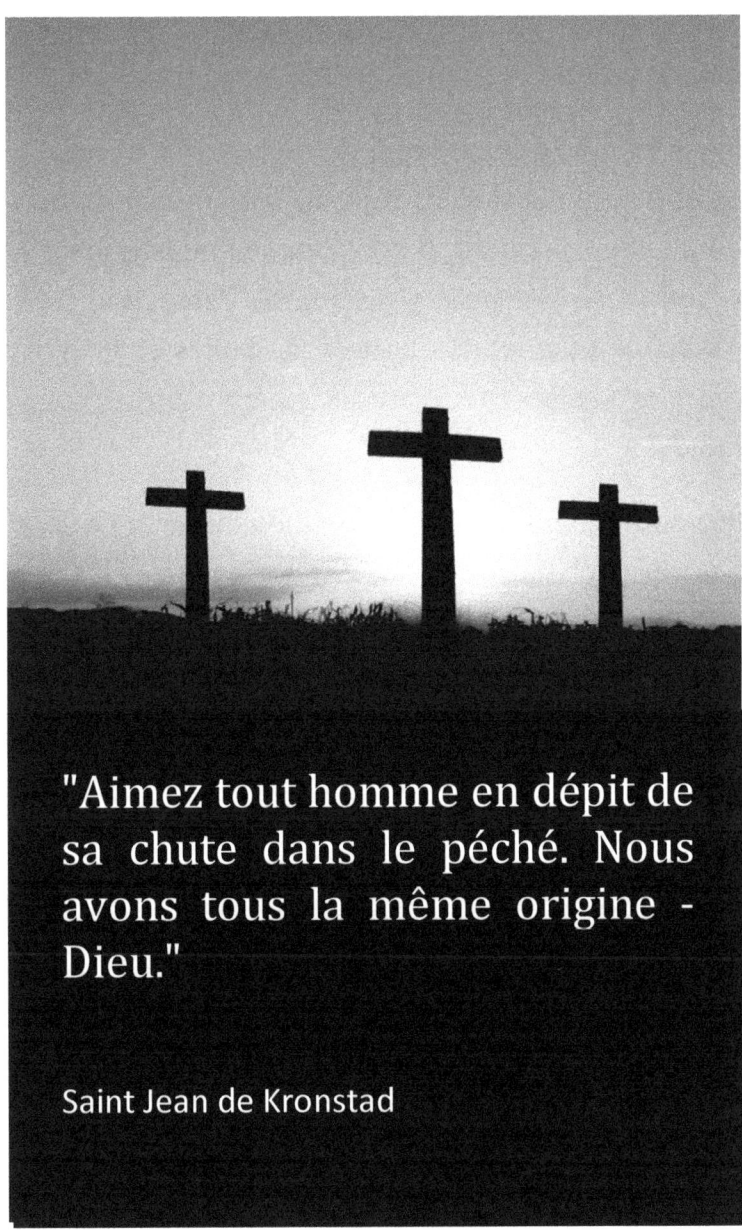

"Aimez tout homme en dépit de sa chute dans le péché. Nous avons tous la même origine - Dieu."

Saint Jean de Kronstad

REFLECTION

Qui sommes-nous pour juger ?

Nous l'avons entendu tant de fois. Nous l'avons entendu répéter tant de fois, comme une invitation ou un avertissement. Nous sommes-nous jamais vraiment arrêtés pour y réfléchir ? Parce qu'il est beaucoup plus facile de juger les fautes et les attitudes des autres que de réfléchir à nos propres fautes.

Par conséquent, ceux qui sont devant nous ne sont pas des pécheurs : ce sont des hommes, pécheurs comme nous. Le seul qui puisse nous juger est Dieu.

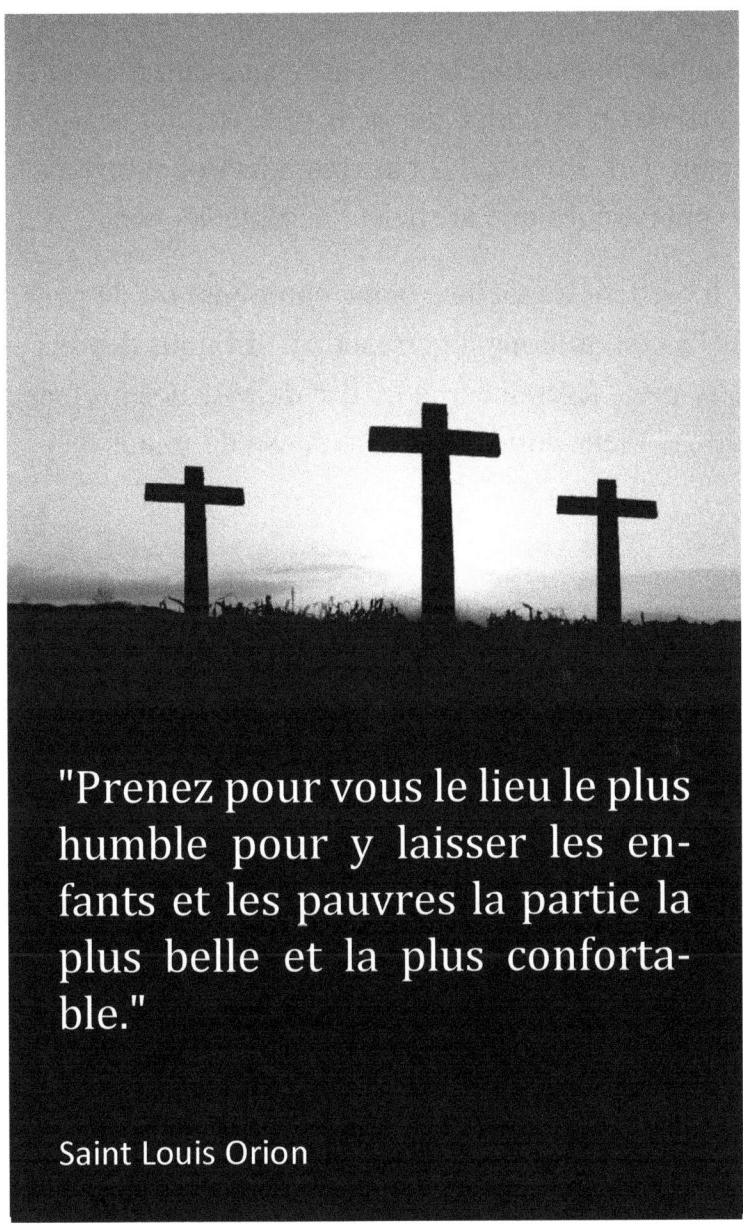

"Prenez pour vous le lieu le plus humble pour y laisser les enfants et les pauvres la partie la plus belle et la plus confortable."

Saint Louis Orion

REFLECTION

La charité chrétienne se manifeste avant tout à l'égard des plus petits, des sans défense, des marginaux. Les enfants, les pauvres, les orphelins sont les personnes que la société néglige souvent.

Eh bien, notre tâche à nous, chrétiens, est de penser à eux, toujours et en tout cas. Et nous devons être prêts à renoncer, à mettre de côté nos prétentions, à leur donner quelque chose de mieux.

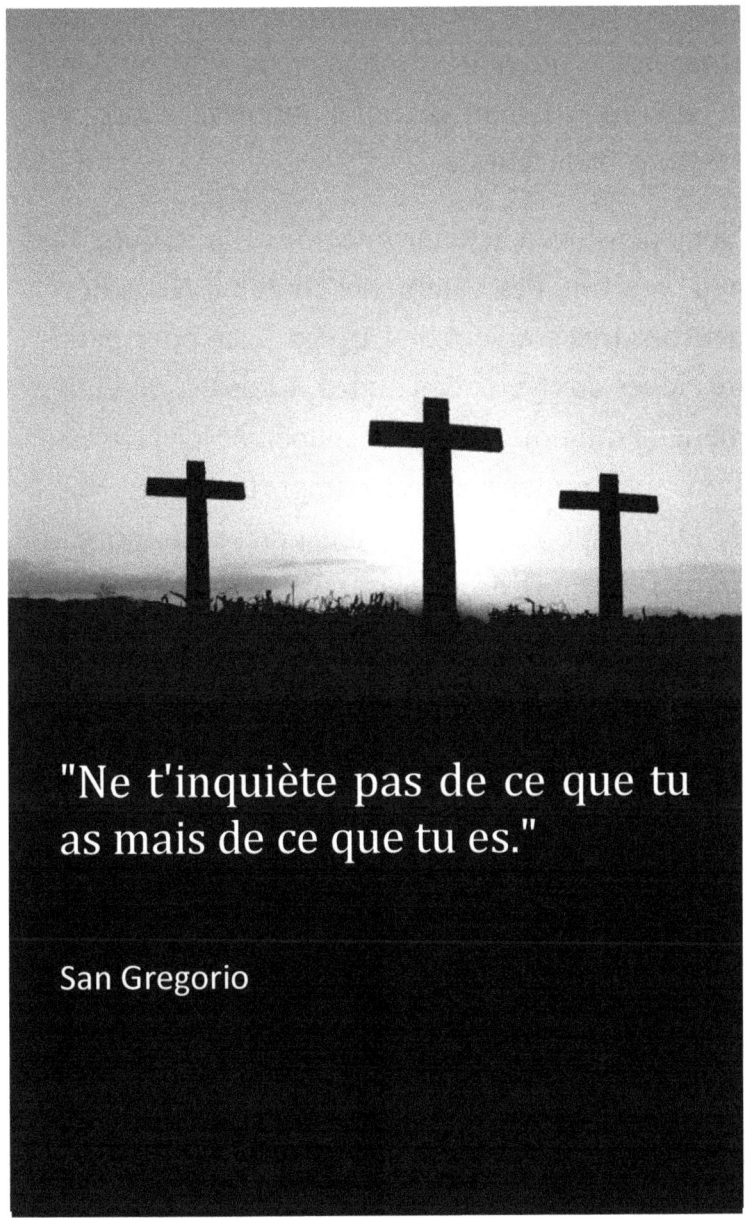

"Ne t'inquiète pas de ce que tu as mais de ce que tu es."

San Gregorio

REFLECTION

Dans notre vie, nous tombons tous souvent dans la tentation d'accorder trop d'importance aux possessions matérielles.

Nous pensons à acheter une nouvelle voiture, une belle maison, des vêtements coûteux. Nous dépensons très souvent de l'argent juste pour paraître riches aux yeux des autres. Mais est-ce vraiment ce qui doit nous préoccuper ? Nos possessions matérielles sont-elles importantes aux yeux de Dieu ? Non. L'important est de se comporter de manière juste et droite, l'important est d'être de bons chrétiens.

"Montre-moi le chemin et fais en sorte que je le suive". Je viens à vous comme le blessé va chercher l'aide du médecin."

Saint Bridget de Suède

REFLECTION

Dans cette supplique, sainte Brigitte de Suède se tourne vers Dieu en le suppliant de lui montrer le chemin pour atteindre la béatitude.

Il s'agit d'une demande d'aide car nous sommes tous des pécheurs, comparables aux blessés, et nous avons besoin de Dieu, de son intervention pour nous soigner, nous guérir. Notre état de blessure ne doit pas nous détourner du désir de continuer à marcher vers Dieu.

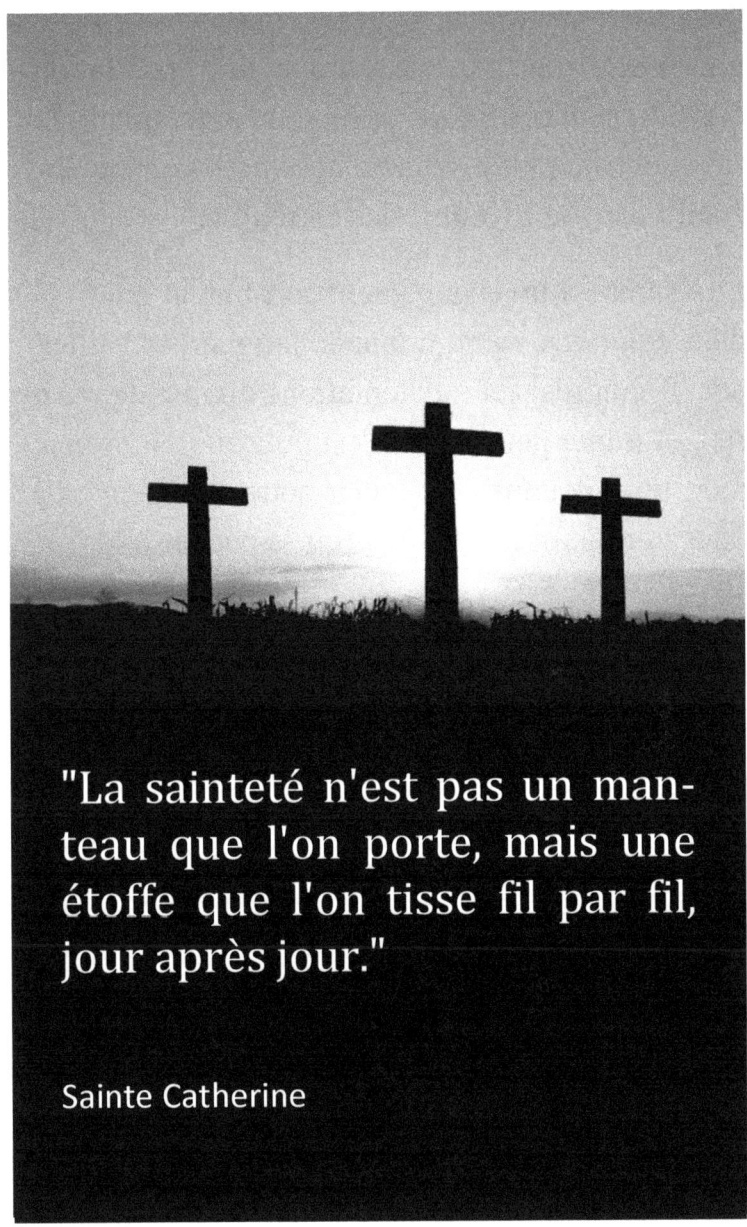

"La sainteté n'est pas un manteau que l'on porte, mais une étoffe que l'on tisse fil par fil, jour après jour."

Sainte Catherine

REFLECTION

La sainteté n'est pas une marque, une appellation que l'on peut appliquer comme un autocollant. La sainteté ne signifie pas être automatiquement accueilli dans le royaume des cieux.

Être saint est un engagement constant et quotidien. Pour être saint, il faut se fatiguer, travailler dur. Il faut résister aux tentations du monde matériel, et il faut peu céder. C'est pourquoi, jour après jour, nous devons renouveler notre engagement à nous consacrer à Dieu et à fuir le péché.

" Quelle est la chose la plus importante que vous puissiez enseigner à votre enfant pour qu'il soit un bon chrétien ? ". Apprenez-lui à faire son lit le matin, tous les jours."

REFLECTION

Être parent est le travail le plus difficile au monde, nous le savons déjà. Et c'est encore plus difficile pour les parents catholiques qui tentent de guider leur enfant sur la voie du christianisme.

Que faire, que ne pas faire, quels conseils donner pour ne pas être trop intrusif et assurer la liberté de choix, mais en même temps faire comprendre l'importance de Jésus-Christ ?

Saint Jérôme suggère que nous ne devrions pas nous arrêter à trop parler de questions théologiques : le plus important est le pragmatisme. Le chemin du bon catholique se voit dès le matin, et faire son lit est le premier geste de responsabilité et de sacrifice : un geste qui sera un exemple pour le reste de la journée et pour le reste de la vie.

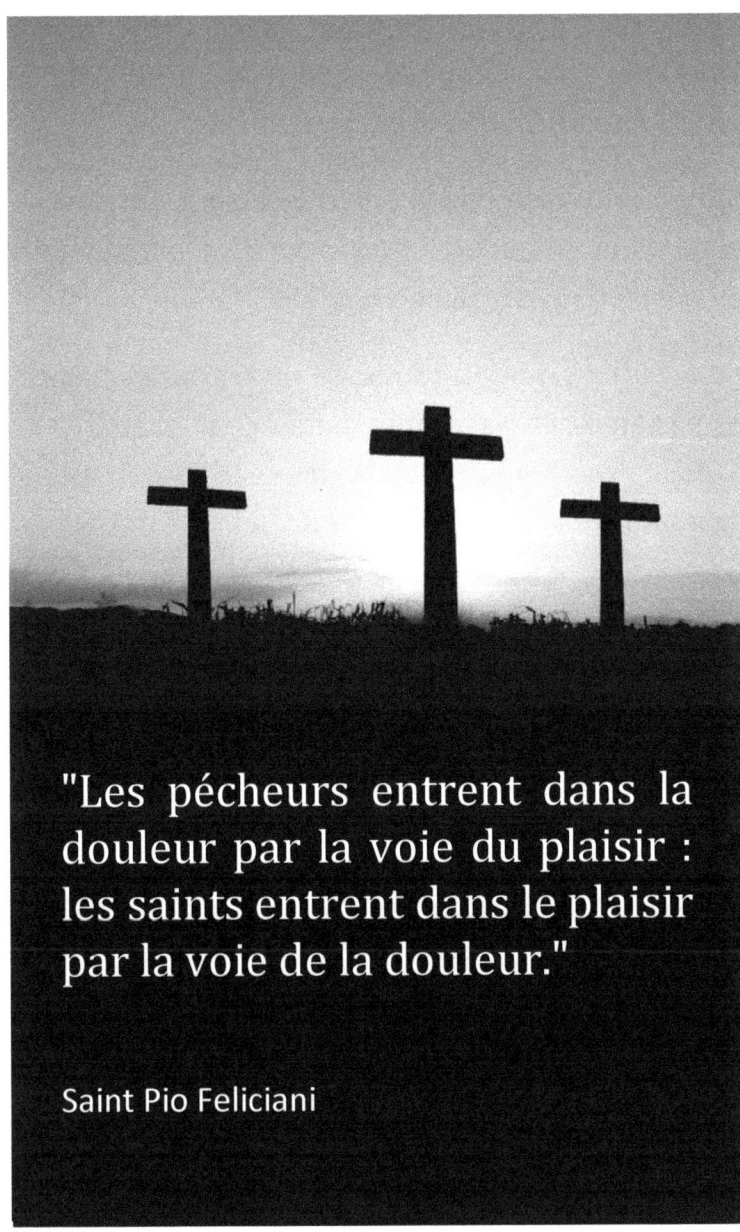

"Les pécheurs entrent dans la douleur par la voie du plaisir : les saints entrent dans le plaisir par la voie de la douleur."

Saint Pio Feliciani

REFLECTION

Notre vie dans ce monde est le reflet de ce que sera notre destin dans l'éternité.

Suivre les plaisirs de la chair, la luxure, l'argent, le pouvoir, être avare et mauvais nous conduira à un destin de souffrance en enfer.

Se sacrifier pour les autres, se priver de ses biens, ne pas amasser d'argent et aider ceux qui sont dans le besoin nous coûtera des sacrifices, mais cela nous ouvrira les portes du Ciel.

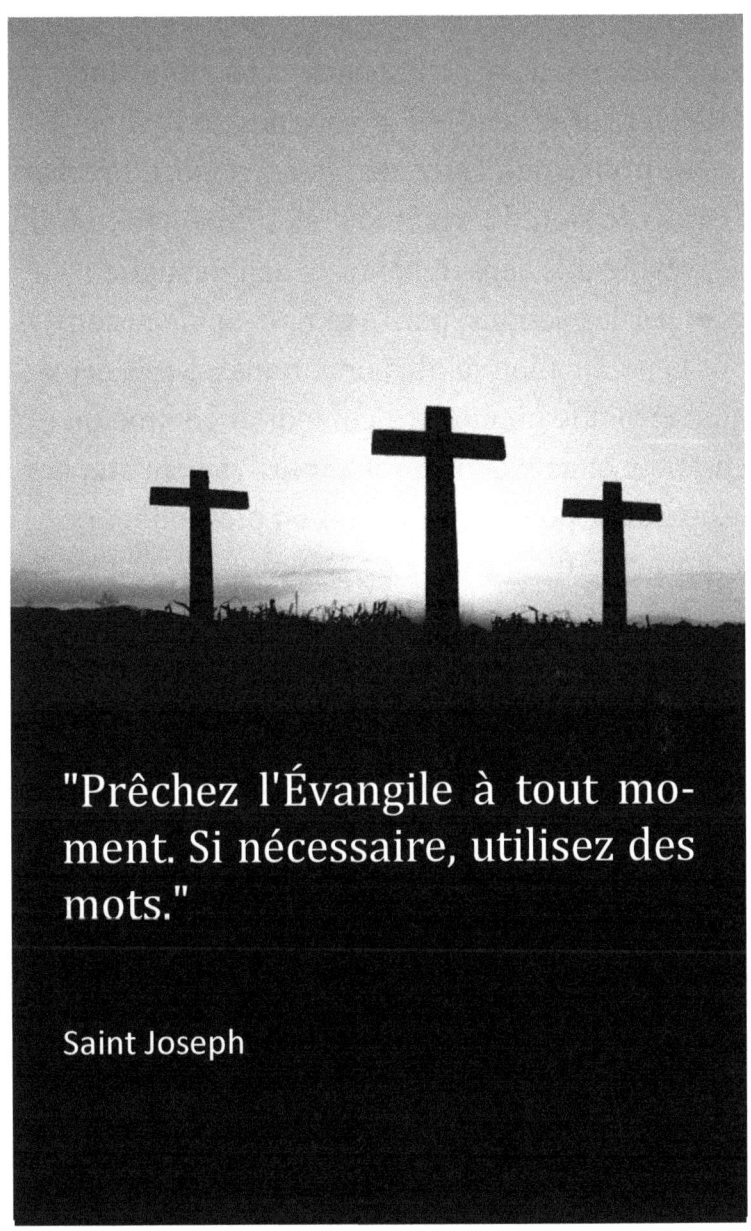

"Prêchez l'Évangile à tout moment. Si nécessaire, utilisez des mots."

Saint Joseph

REFLECTION

Saint Joseph, avec cette phrase, veut nous faire réfléchir sur le sens et l'importance de l'exemple qui se trouve au-dessus des simples mots. Prêcher l'Évangile signifie avant tout se comporter comme le prévoient les enseignements de l'Évangile : c'est par les actions, par l'exemple, que s'accomplit la prédication la plus importante. Seuls ceux qui verront le chrétien se comporter comme un chrétien, et ne pas recourir exclusivement aux belles paroles, pourront réfléchir en profondeur et s'approcher de la parole de Dieu.

"Si vous frappez à la porte des Écritures, la Parole de Dieu vous ouvrira."

Saint Ambrose

REFLECTION

À quel point est-il important de connaître les Saintes Écritures ?

L'importance de connaître l'Évangile est primordiale. La Bible a été écrite sous l'inspiration de Dieu, et l'Évangile concerne la vie de Jésus-Christ. En lisant ces ouvrages, nous avons beaucoup à apprendre, et c'est ainsi que nous augmenterons notre foi.

"Les vêtements que tu gardes dans la maison appartiennent à ceux qui sont déshabillés ; les chaussures que tu laisses vieillir appartiennent à ceux qui ont les pieds nus."

REFLECTION

Pourquoi nous obstinons-nous à accumuler des biens matériels ?

Trop souvent, nous ne pensons qu'au nouveau modèle de voiture, à la nouvelle robe, à la nouvelle montre. Et une fois que nous avons toutes ces choses, nous en voulons plus, nous en voulons de nouvelles, alors nous les laissons vieillir sans les utiliser.

Ne s'est-on jamais demandé si quelqu'un avait besoin d'eux ? Nous n'en avons pas besoin, alors que d'autres personnes pourraient en avoir besoin. Notre tâche en tant que chrétiens n'est pas d'accumuler des biens matériels, mais de les partager avec ceux qui sont dans le besoin.

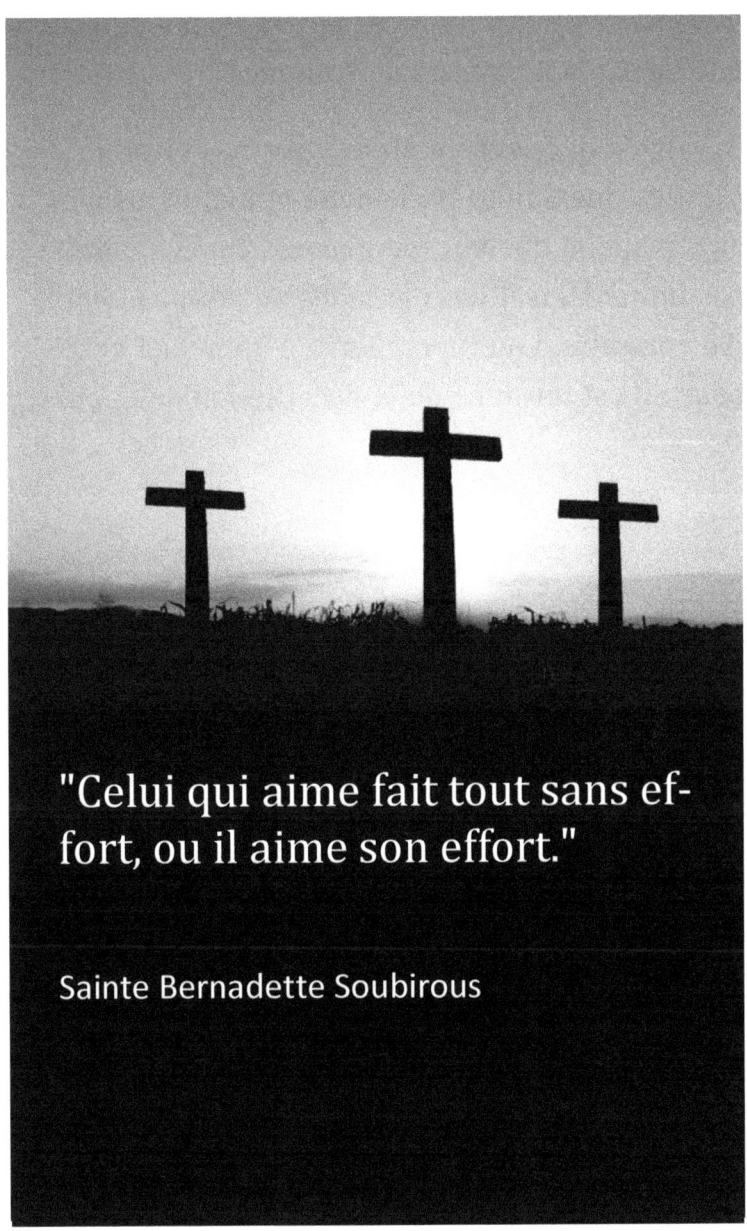

"Celui qui aime fait tout sans effort, ou il aime son effort."

Sainte Bernadette Soubirous

REFLECTION

Quelle est la puissance de l'amour ?

Si grande que nous oublions tous nos efforts.
C'est ce que Sainte Bernadette voulait nous dire :
aimez autant que vous le pouvez, car ce ne sera
pas un fardeau si vous le faites au nom de Dieu.
Au contraire, vous apprendrez à apprécier ce la-
beur : il est un signe de la bénédiction de Dieu.

"Pour la gloire de Dieu, l'important n'est pas de faire beaucoup, mais de faire bien."

Sainte Thérèse de Lisieux

REFLECTION

Dans de nombreux cas, nous ressentons le besoin de faire beaucoup de choses.

Mais faire beaucoup de choses n'est jamais synonyme de les faire bien.

Il n'y a pas besoin d'être vu par les autres ou d'apparaître aux yeux de quelqu'un comme le meilleur. Il n'est pas nécessaire de s'engager dans un millier d'activités si vous ne pouvez en faire aucune correctement.

Il faut très peu de choses : il suffit d'une chose à laquelle on se consacre de toutes ses forces. Dieu a pris en considération la femme qui a donné une seule pièce de monnaie plutôt que l'homme riche et son coffre d'or : parce que cette pièce était tout ce que la femme avait.

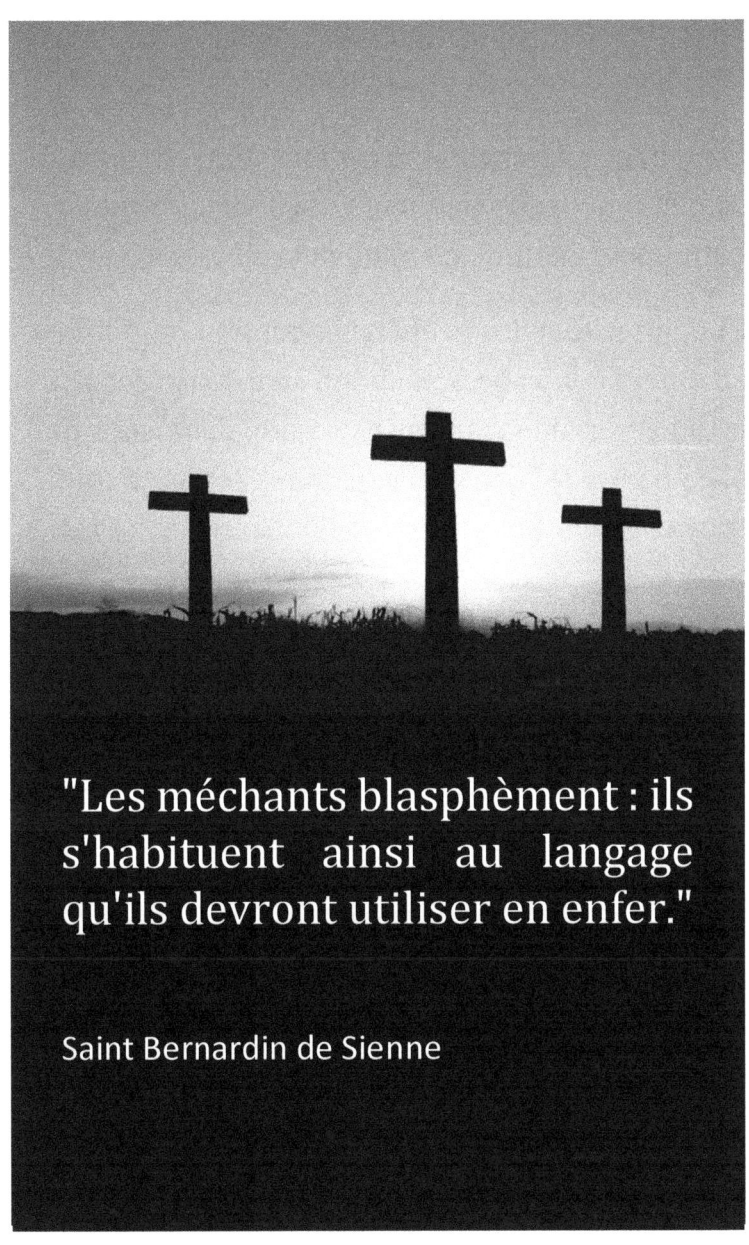

"Les méchants blasphèment : ils s'habituent ainsi au langage qu'ils devront utiliser en enfer."

Saint Bernardin de Sienne

REFLECTION

Blasphémer le nom de Dieu est un péché grave.

Dieu nous a donné la vie, il nous aime, et maudire son nom pour des malheurs qui sont souvent de notre faute est une très mauvaise habitude.

Et comme tous les péchés, il peut nous conduire en enfer si nous ne demandons pas le pardon. Et là, en enfer, nous aurons beaucoup de raisons de blasphémer le nom de Dieu, étant donné la souffrance à laquelle nous serons condamnés.

"La piété est un assaisonnement pour toutes les vertus qu'un homme peut avoir."

Saint Bernardin de Sienne

REFLECTION

Dans les temps anciens, la piété représentait le sentiment de dévotion religieuse et le respect des valeurs familiales.

Saint Bernardin l'entend précisément dans ce sens. Les vertus d'un homme peuvent être enrichies par la foi en Dieu et la miséricorde envers les autres. Un assaisonnement, c'est-à-dire un ajout, une nuance de mise en valeur.

"Rien n'est impossible pour ceux qui croient, rien n'est difficile pour ceux qui aiment".

Sainte Thérèse de Lisieux

REFLECTION

La foi en Dieu rend tout possible.

Si vous pensez à un projet et que vous le croyez irréalisable, commencez par faire confiance à Dieu : vous verrez que rien ne peut vous arrêter.

Les difficultés sont faites pour être surmontées, et vous les surmonterez avec l'aide de Dieu et des personnes que vous aimez.

Ne perdez jamais courage !

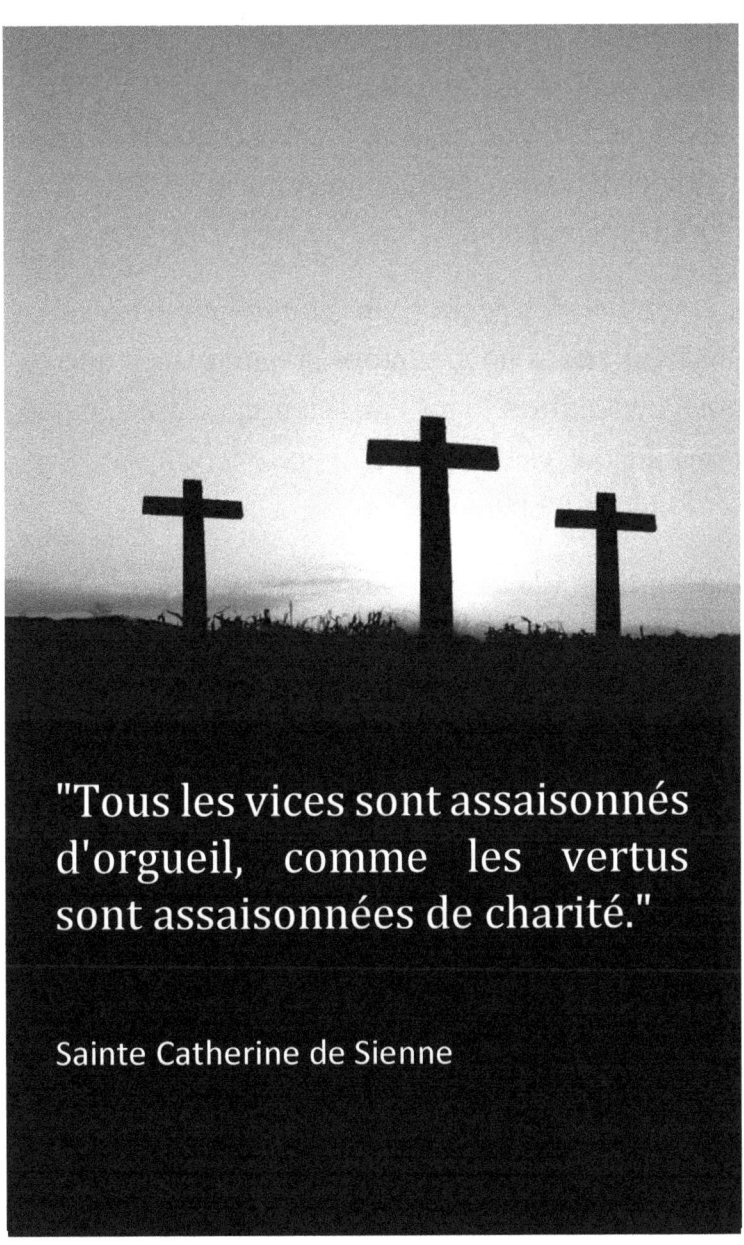

"Tous les vices sont assaisonnés d'orgueil, comme les vertus sont assaisonnées de charité."

Sainte Catherine de Sienne

REFLECTION

Quand quelqu'un est orgueilleux, il pense qu'il est supérieur à tout le monde. Par conséquent, il a des attitudes hautaines, de mépris envers les autres, même envers Dieu.

Commettre des péchés sans se repentir est dû à l'orgueil : nous nous sentons si haut placés que nous ne sommes jugés par personne et que ce que nous faisons est bien ou mal en fonction de notre seule moralité personnelle.

Au contraire, la charité, donc l'amour de Dieu et du prochain par Dieu, consiste à accepter son jugement. Pour accepter ses morales de chrétiens. Se placer en dessous de lui.

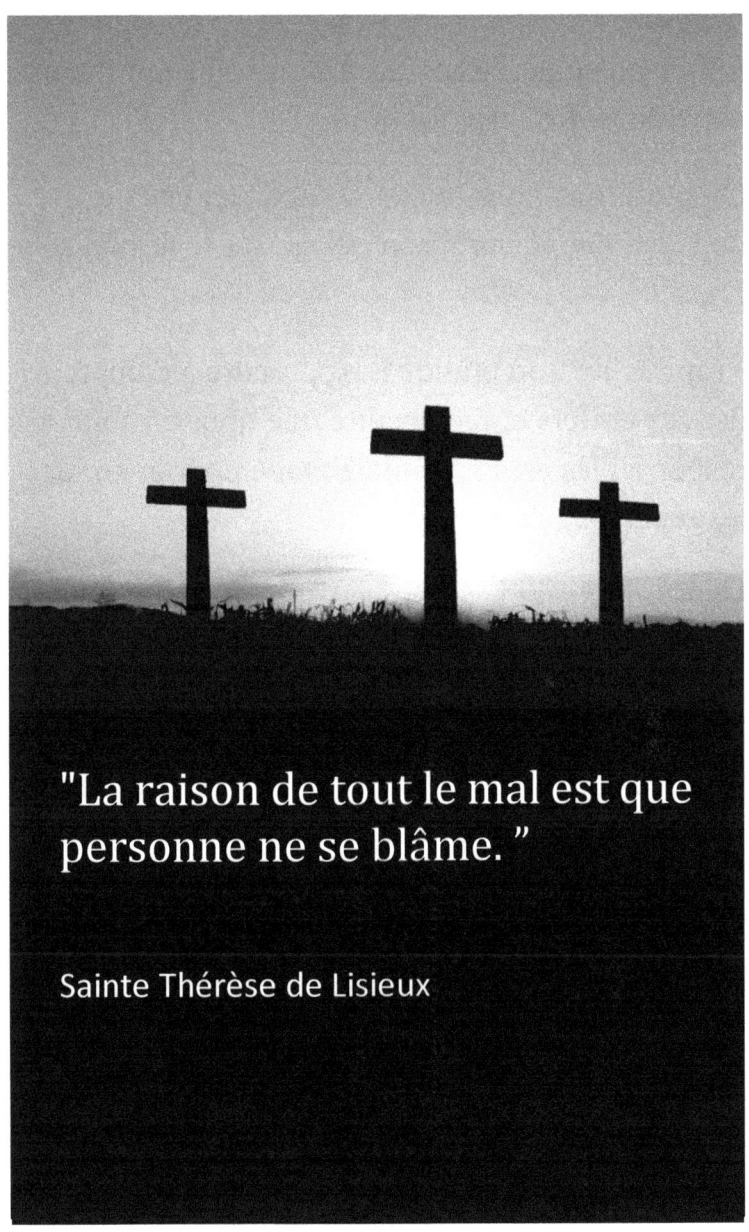

"La raison de tout le mal est que personne ne se blâme. "

Sainte Thérèse de Lisieux

REFLECTION

Est-ce qu'on pense parfois à ce qu'on a fait ? Prenons-nous nos responsabilités ?

Ou préférons-nous rejeter la faute sur ceux qui nous entourent, sur nos proches, sur le destin, sur Dieu ?

Trop facile, trop pratique. Apprendre à comprendre ses erreurs et reconnaître que nous en sommes responsables est la première étape pour éviter de les répéter et s'améliorer.

Dans un monde idéal où personne ne blâme l'autre, nous serions tous plus responsables.

CPSIA information can be obtained
at www.ICGtesting.com
Printed in the USA
BVHW090317020621
608480BV00005B/1074